COURS ÉLÉMENTAIRE

DE MORALE

DU MÊME AUTEUR

COURS DE MORALE ET D'ENSEIGNEMENT CIVIQUE

RÉDIGÉS

conformément aux Programmes du 18 juillet 1883

(cours moyen et cours supérieur)

Un volume in-12, illustré, cartonné. . . . .   **1 fr.**

COURS ÉLÉMENTAIRE

DE MORALE

PAR

M. ALLOU

AUTEUR

du Cours de Morale et d'Enseignement civique

Conforme au dernier programme

PARIS

LIBRAIRIE CH. DELAGRAVE

15, RUE SOUFFLOT, 15

—

1884

C'est à vous, jeunes enfants, que je dédie ce petit livre.

Les lectures sérieuses n'ont pas encore de charmes pour votre âge. Vous aimez les histoires, les gravures : c'est avec ces éléments que je voudrais faire pénétrer dans vos âmes les premières notions d'une saine et pure morale, qui seule peut vous conduire au bonheur. Puissent ces simples récits vous aider à devenir plus tard des hommes loyaux et bons, remplissant consciencieusement leurs devoirs envers Dieu, envers leurs semblables, et ayant au cœur l'amour de la famille et de la patrie !...

COURS ÉLÉMENTAIRE
DE MORALE

LA FAMILLE

1

Je ne perdrai jamais le souvenir de la maison, ou plutôt de la chaumière où j'ai passé,

Notre maison.

à Ouistreham, sur les bords de la mer, les premières années de ma vie. Bâtie au pied de la falaise, elle était entourée d'un petit jardin dans lequel croissaient un peu pêle-mêle les fleurs et les légumes les plus variés. Elle ne se composait que d'une pièce en bas et de deux pièces au premier étage; mais elles étaient toutes les trois vastes et bien éclairées.

Cette maison et son petit jardin furent les témoins des événements que je veux raconter ici. Ils sont bien simples et de ceux qui se rencontreront dans votre existence; c'est pour cela, mon enfant, qu'ils pourront vous intéresser.

Mon père était pêcheur. Il avait un bateau à lui, qui s'appelait la *Belle-Jeannette* et que nous aimions autant que notre maison.

Il naviguait avec mon oncle Nicolas, son fils Maxime et mon frère aîné Joseph. Il avait en outre deux matelots pour l'aider à la manœuvre.

Quand le temps le permettait, il était en mer une grande partie de la semaine. Quelle joie pour nous lorsque nous apercevions la *Belle-Jeannette* rentrant majestueusement au port! Que nous étions heureux quand notre père présidait au souper!.. Nous l'entourions, nous le questionnions sur tous les incidents de son voyage. Il fallait qu'il nous nommât les bateaux qu'il avait rencontrés, qu'il nous dît le nombre et la qualité des poissons qu'il avait pêchés.

La *Belle-Jeannette*.

La veillée se prolongeait plus qu'à l'ordinaire les jours de retour. Enfin mon père donnait le signal du repos; il se levait, se découvrait la tête et récitait gravement à voix lente la formule de la prière du soir à laquelle nous répondions tous.

Après avoir demandé à Dieu, avec lui, de bénir le repos de la nuit, nous prenions gaiement le chemin de notre lit. Que de beaux rêves nous faisions alors ! La mer, toujours la mer nous occupait pendant notre sommeil. Tantôt elle nous apparaissait calme et unie comme un miroir sur lequel glissait doucement la *Belle-Jeannette ;* tantôt ses vagues agitées et furieuses menaçaient d'engloutir notre embarcation ; d'autres fois nous assistions à des pêches merveilleuses : d'énormes poissons remplissaient le bateau et le filet remontait toujours plein.

Mon frère Joseph.

Le lendemain, souvent de grand matin, mon père, équipé pour le départ avec ses grandes bottes, sa blouse goudronnée, sa coiffure de loutre, se dirigeait vers le port avec mon frère Joseph.

Nous le suivions aussi et parfois, lorsque le temps était sombre, ma mère voulait l'accompagner jusqu'au moment du départ. Quand tout

Nous l'accompagnions jusqu'au port.

était prêt, nous aidions à la manœuvre et prenions notre place, sur la jetée, à la longue corde qui devait faciliter la sortie du port de la *Belle-Jeannette*.

Puis, avant de retourner à la maison, ma mère et toutes les femmes de matelots qui nous entouraient s'agenouillaient devant la grande croix qui domine le port. Avec quelle ardeur on priait pour les marins, demandant à Dieu de protéger leur voyage, d'éloigner d'eux la tempête et de les ramener bientôt sains et saufs !

II

A huit ans, j'avais une sœur et deux frères plus âgés que moi.

— Allons, vite ! nous dit un matin mon père, levez-vous et venez dans la chambre de votre mère.

Nous fûmes promptement en bas du lit, nous demandant quelle surprise nous attendait : dans un berceau blanc dormait un tout petit enfant. Il me parut si petit, si petit, que j'eus un doute. N'était-ce pas une poupée que l'on avait couchée dans ce petit dodo ?

Ma petite sœur Linette.

Je n'eus pas longtemps cette idée. Des cris perçants se firent entendre et ma tante Jeanne s'empressa de prendre dans ses bras, en essayant de la calmer, notre chère petite sœur Aline, que nous appelâmes Linette et qui fut depuis ce jour, pour mes frères et pour moi, l'objet d'une bien grande affection.

Elle était frêle et délicate et l'on crut plusieurs fois qu'elle allait mourir. Ma mère passa bien des jours et bien des nuits à la soigner et à la bercer. Pauvre petite! elle s'endormait un instant, et aussitôt qu'on la déposait sur son lit, ses cris et ses plaintes recommençaient.

L'année de sa naissance, ma

Ma mère passa bien des nuits.

mère fut plus d'un mois sans se coucher, tant Linette demandait de soins.

C'est à cette époque que je compris comment nos parents nous aiment; ils s'oublient complètement eux-mêmes pour ne penser qu'à leurs enfants.

— Comme notre mère doit être fatiguée! dis-je un jour à ma sœur Maria.

— Elle l'a été bien plus encore, me répondit-elle, lorsque, pendant tout un hiver, tu ne voulais dormir que sur ses genoux. Toi guéri, elle tomba malade à son tour par suite de son extrême fatigue. Mon père était triste, car le médecin la trouvait en danger ; mais elle nous consolait elle-même.

— Qu'importe que je souffre, nous disait-elle, pourvu que mon petit Marcel soit guéri !

Je n'avais naturellement aucun souvenir de cette maladie, et ce que me disait Maria me donnait beaucoup à réfléchir.

J'avais donc été un tout petit enfant comme Linette, ne sachant pas manger seul, ne marchant pas, criant, pleurant... J'avais causé tant de fatigues à ma pauvre mère qu'elle en avait été malade. Oh ! comme je devais l'aimer !... Cependant, souvent je me montrais désobéissant, étourdi... Je pris alors la résolution de mieux faire.

Vous aussi, mon enfant, réfléchissez à tout ce que vous devez à vos parents.

Vous êtes l'objet de leurs plus vives préoccupations. Assurer votre avenir, vous donner une carrière, est le but de tous leurs efforts. Ils vous aiment tant !

Combien est coupable l'enfant qui ne sait pas reconnaître l'amour de ses parents et qui, au lieu d'être soumis, studieux, se montre indocile et paresseux !

Ne ressemblez pas à ces ingrats ; soyez un enfant reconnaissant, respectueux, obéissant ; que votre ambition soit de ne jamais faire de peine à votre père ni à votre mère ; aimez toujours la maison qui vous a vu naître, le foyer où vous trouvez tant d'affection et de dévouement. Plus tard, lorsque les années se seront accumulées sur votre tête, les souvenirs de ces premières années de votre vie deviendront les plus doux pour vous.

QUESTIONNAIRE

1º Comment l'enfant peut-il prouver sa reconnaissance à ses parents? — 2º Que pensez-vous de ces enfants vagabonds qui ne cherchent qu'à s'éloigner par leurs jeux de la maison paternelle? — 3º Quels sont dans l'âge mûr les plus doux souvenirs?

FRÈRES ET SŒURS

Ma sœur Maria, l'aînée de la famille, avait seize ans lorsque j'en avais cinq ; elle venait déjà, de bien des manières, au secours de nos parents pour nous élever et nous soigner. Elle

Ma sœur Maria.

faisait de la dentelle, comme la plupart des femmes du pays ; mais elle avait une adresse et une habileté que ses compagnes enviaient et qu'elles ne parvenaient pas à atteindre.

Elle employait un fil très fin, et lorsque, à la saison des bains de mer, les belles dames étrangères arrivaient, venant de Paris, de Caen et de toute la Normandie, elle n'avait point de peine à placer ses dentelles.

Pendant la saison des bains.

Combien elle était heureuse quand elle rapportait à notre mère les pièces d'argent, et même quelquefois les pièces d'or, qui lui

avaient été données en échange de son travail!
Jamais je ne l'ai entendue dire : « Avec ces
cinq francs-là, j'achèterai un beau ruban rose
pour mettre à mon bonnet. » Chère sœur! elle
ne pensait guère à sa toilette.

Je me rappelle qu'un jour elle était allée
porter un beau col et des manchettes à une
dame qui les lui avait commandés l'année pré-
cédente : elle revint avec vingt-cinq francs,
qu'elle remit à ma mère.

— Quel bonheur! quel bonheur! disait-elle
en l'embrassant.... Nous pourrons acheter des
tricots de laine bien chauds pour mon père et
mon frère Joseph.

Cette joie me paraissait toute naturelle, tant
j'étais habitué à la voir dévouée et bonne pour
nous.

Voilà bien, mon enfant, ce qu'est la famille.
On doit s'aimer, s'oublier les uns pour les
autres, s'aider mutuellement.

Penser à soi sans s'occuper de ses frères ni
de ses sœurs, être égoïste, manquer de cœur,
en un mot, cela est bien vilain et ne mérite que
le mépris.

Puisque nous parlons des frères et des sœurs,

je veux vous raconter un beau trait dont j'ai
été moi-même témoin.

Il y avait à Ouistreham, près de notre
maison, une pauvre famille : le père, la mère
et quatre enfants.

Un jour que Madeleine était malade et son
mari en mer, ses enfants s'amusaient sur les
bords de l'Orne ; tout
à coup, le petit Jean,
âgé de cinq ans, glissa
dans l'eau. Adrien, qui
en avait huit, comprit
le danger que courait
son frère, et, sans son-

Adrien se jeta à la rivière.

ger à celui auquel il s'exposait, se jeta à la
rivière. Saisissant la robe de Jean, il chercha
à lui maintenir la tête au-dessus de l'eau. Le
pauvre enfant ne savait pas nager et il allait
être entraîné par le courant lorsque, attiré par
ses cris, un matelot accourut et les sauva tous
les deux.

Si Adrien ne s'était pas jeté à l'eau immédia-
tement, les secours seraient arrivés trop tard.

Voici encore l'histoire d'une bonne petite
sœur :

Ici la famille compte trois enfants : une petite fille de huit ans, un garçon de quatre ans et une sœur de dix-huit mois. La pauvre mère est attaquée d'une maladie qui l'enlève en quelques jours, et le père, marchand colporteur, est à l'autre bout de la France. Que vont devenir les enfants ?

Claire, l'aînée, ne perd pas la tête ; elle a vu sa mère à l'œuvre, elle va la remplacer. Elle habille chaque matin son petit frère qu'elle conduit à l'école ; sa petite sœur, qu'elle promène, qu'elle berce et dont elle fait le bonheur. La maison est balayée, le linge lavé, tout est en ordre.

De longs mois s'écoulent. Le père arrive avec sa voiture. Il se demande avec terreur ce que sont devenus ses pauvres enfants. Quel n'est pas son étonnement en apprenant que sa petite Claire a servi de mère à son frère et à sa sœur! Il reste quelque temps au pays ; puis, comme ses voisins l'assurent qu'ils veilleront sur sa jeune famille, il peut, grâce à l'intelligence et au dévouement de sa fille, reprendre ses voyages et continuer son commerce.

Qu'il y a loin de la conduite de la petite

Claire à celle de ces enfants qui ne savent que pleurer et se plaindre quand ils se trouvent en présence d'une petite souffrance ou d'un travail un peu plus considérable que celui qu'ils font ordinairement!

A votre âge, on peut déjà se rendre utile de bien des manières, et il est doublement aimé l'enfant qui s'ingénie à aider ses parents dans leurs travaux.

Cherchez comment vous pouvez montrer votre empressement aux vôtres, et vous verrez quelle douce récompense sera pour vous un remerciement de votre père, un sourire de votre mère! Les bons petits enfants sont si heureux!

QUESTIONNAIRE

1º Comment doivent être les uns pour les autres les membres d'une famille? — 2º L'enfant ne doit-il pas chercher à se rendre utile à son père, à sa mère, à ses frères et à ses sœurs? — 3º Racontez l'histoire du petit Adrien et celle de la petite Claire.

L'ÉCOLE

Mon père tenait beaucoup à ce que ses enfants allassent régulièrement à l'école. Il nous répétait souvent que rien ne saurait remplacer l'instruc-

L'École.

tion et qu'un homme ignorant, quand même il serait très riche, est toujours inférieur à un homme instruit, quelque pauvre qu'il soit. Jamais, à moins d'être malade, il ne nous était permis de manquer une classe.

L'école était loin de notre maison, et quand il fallait, l'hiver, par les mauvais temps, partir de grand matin pour arriver à l'heure, ma mère quelquefois exprimait le désir de nous garder près d'elle :

— Il pleut si fort! disait-elle ; la neige est si épaisse !

La neige était épaisse.

Mais mon père restait inflexible.

— Si l'on était sûr, répondait-il, de gagner une pièce d'or en allant au village voisin, c'est à qui courrait le plus vite sans être arrêté par la plus grosse tempête, et quand il s'agit d'acquérir quelques connaissances bien plus précieuses que l'or, on hésiterait!... Allons, allons, la jeunesse, en avant !

Notre mère n'osait plus rien dire. Nous partions en courant, et puis nous avions un si bon maître !

M. Clément était depuis vingt-cinq ans instituteur d'Ouistreham ; il avait appris à lire à nos pères ; aussi nous regardait-il comme ses enfants. Il nous grondait, nous punissait quand nous le méritions ; mais nous savions bien qu'il nous aimait. Nous l'aimions beaucoup aussi, et nous n'aurions voulu pour rien au monde lui faire de la peine.

Cependant il y avait quelques mauvais élèves dans sa classe, des paresseux, des indisciplinés. Le nombre en était restreint, mais il éprouvait un vrai chagrin quand il voyait quelqu'un de nous ne pas répondre à ses soins. Il en était tout affligé.

Un de nos camarades se faisait re-

Il se faisait remarquer par sa paresse.

marquer par sa paresse, son inexactitude et l'absence complète de progrès. Il venait à l'école depuis quatre ans et ne savait pas encore lire, bien qu'il en eût onze. Quelle honte !

Ce pauvre garçon regretta amèrement plus tard son ignorance. Il ne fut jamais qu'un pauvre ouvrier, gagnant très péniblement sa vie à de rudes travaux, dans le même atelier où l'un de ses camarades, Francisque, qui avait été un enfant courageux, un excellent écolier, travaillait aux écritures avec de bons appointements.

Faire des devoirs, apprendre des leçons, cela ne vous amuse peut-être pas toujours, mon enfant, parce que vous n'en comprenez pas toute l'utilité. Si vous saviez comment, arrivé à l'âge où l'on ne peut plus apprendre, on regrette les années perdues et pendant lesquelles on aurait pu si facilement s'instruire et devenir capable de tant de choses ! Courage donc, et quand l'étude vous ennuie un peu, pensez aux regrets que se préparent les paresseux.

QUESTIONNAIRE

1º Est-il utile de s'instruire ? — 2º Peut-on réparer le temps perdu dans l'enfance ? — 3º Quels sont les devoirs d'un écolier ?

PUISSANCE ET BONTÉ DE DIEU

Notre bon maître d'école aimait beaucoup la botanique, qui est l'étude des fleurs, et quelquefois, les jours de congé, il emmenait, dans ses

Nous parcourions des bois.

excursions, ceux de ses élèves qui exprimaient le désir de l'accompagner.

Au printemps, surtout, ces promenades étaient

charmantes. Les chants réunis des oiseaux, les uns doux et plaintifs, les autres vifs et éclatants, formaient comme un délicieux concert.

Nous parcourions avec lui des bois et des prairies où mille fleurs variées éblouissaient et charmaient nos regards, des sentiers ombragés où nous foulions aux pieds la violette et le muguet. Oh! qu'il nous faisait alors d'intéressantes leçons, en nous montrant les merveilles réunies dans de simples petites fleurs des champs !

Souvent aussi, il nous faisait voir entre les pistils de ces fleurs de tout petits insectes, et nous expliquait comment ces petits êtres, à peine visibles, avaient cependant tous les organes nécessaires à la vie. Il nous disait leurs mœurs, leurs habitudes. Nous n'avions jamais pensé à ces merveilles avant qu'il nous les fît remarquer, et nous étions dans l'admiration.

— Eh bien, mes enfants, nous disait-il alors, savez-vous quel est celui qui a créé toutes ces choses?

— C'est le bon Dieu, répondions-nous tous.

— Oui, c'est Dieu en effet qui donne aux lis leur belle parure, et qui a pourvu chaque être de la création de tout ce qui lui est nécessaire pour atteindre sa fin. C'est lui aussi qui vous a créés, qui vous a donné non seulement un corps si parfait, mais cette intelligence avec laquelle vous comprenez ce que je vous enseigne en ce moment; ce cœur avec lequel vous l'aimez, lui, Créateur de toutes ces choses; cette volonté que vous emploierez à l'aimer et à accomplir ses commandements.

D'autres fois, nous le rencontrions, le soir,

Le soir, dans un endroit qu'il affectionnait.

sur la plage. Il y avait un endroit qu'il affectionnait beaucoup et où nous étions sûrs de le trouver, surtout lorsque la mer était pleine. Il nous faisait alors écouter cette grande voix de l'Océan, ce bruit si solennel que fait la vague en venant expirer sur le rivage, et là encore il nous parlait de Dieu, de sa grandeur, de sa puissance ; nous montrait le ciel avec ses milliers d'étoiles radieuses qui brillent au firmament, comme pour nous en faire mesurer la mystérieuse profondeur ; la douce clarté de la lune qui dissipe à demi les ténèbres de la nuit et donne à la nature une majesté incomparable. « Tout se recueille, nous disait-il, tout se tait, tout se repose des fatigues de la journée. C'est une heure solennelle, mes enfants ; notre cœur, alors rempli d'une religieuse admiration, doit s'ouvrir aux sentiments les plus élevés, et notre prière, émue, monter vers ce Dieu si puissant et si bon qui, pour nous, a semé l'univers de tant de splendeurs. »

Ces paroles, qu'il nous disait si gravement, nous impressionnaient beaucoup, malgré notre jeune âge, et jamais je ne regarde une fleur, je n'écoute chanter un oiseau, je n'entends le bruit des vagues ou ne considère le ciel étoilé, sans me rappeler les enseignements de notre bon maître.

Recueillez-les aussi, mon enfant. Que la nature parle de Dieu à vos cœurs, car elle est comme un livre ouvert dans lequel nous lisons ses admirables perfections.

1º Quelles sont les pensées que doivent vous inspirer les merveilles de la nature? — 2º De quelle manière devez-vous prouver à Dieu votre reconnaissance? — 3º Que vous apprend la vue d'une humble petite fleur des champs?

LES CAMARADES

Connaissez-vous quelque chose de plus triste que de vivre au milieu de personnes qui ne vous aiment pas? Cela rend vraiment malheureux. Eh bien, savez-vous le moyen d'être aimé? c'est d'aimer soi-même.

Jetez les yeux autour de vous. Voyez

Les camarades.

parmi les enfants de votre âge quels sont ceux qui sont les préférés. Sont-ce les plus riches, les plus intelligents? Non, évidemment, non. Les plus aimés sont ceux qui se montrent bons et affables pour tous.

Nous avions à l'école deux camarades qui étaient bien les types, l'un de la bonté, l'autre de la méchanceté. Le premier, Émile, était le fils d'une pauvre veuve qui n'avait pour vivre, elle et son fils, que le produit de son travail. Elle était ouvrière et allait en journée. Tout le monde la connaissait à Ouistreham, ainsi que son fils Émile.

Pendant les cinq années que nous avons passées ensemble sur les bancs de l'école, je ne l'ai jamais vu que de bonne humeur, toujours prêt à rendre service, évitant de causer la moindre peine, la plus légère contrariété à qui que ce fût.

Rempli d'attention envers sa mère.

Quand il pouvait faire plaisir à un de ses camarades, il semblait plus heureux que celui qu'il obligeait. Envers sa

mère, il était soumis, rempli d'attentions. Il se
montrait pour notre maître respectueux et reconnaissant. A l'école, il était d'une exactitude
exemplaire.

Un jour, où il ne vint pas en classe, nous
étions tous en peine de son absence.

— Savez-vous pourquoi Émile n'est pas venu?
nous demandions-nous les uns aux autres.

En sortant de l'école, nous courûmes vite
chez sa mère.

Chaque jour nous allions savoir de ses nouvelles.

Notre cher camarade était malade. Il le devint
très gravement et chaque jour nous allions en

grand nombre savoir de ses nouvelles. Quand la convalescence arriva, nous apprîmes que le médecin avait recommandé de lui donner une nourriture bien fortifiante, et nous savions sa mère si pauvre! Alors nous nous faisions un véritable plaisir de lui porter quelques douceurs.

Le jour où il revint en classe fut un jour de fête pour notre maître et pour nous tous. C'était un réel bonheur de revoir Émile parmi nous.

Il était taquin.

Eusèbe était aussi méchant qu'Émile était bon et aussi détesté qu'Émile était aimé. C'était à qui ne serait pas à côté de lui en classe, tant il était contrariant, maussade, taquin. Il ne cherchait qu'à jouer de mauvais tours à ses camarades et il semblait jouir quand il leur faisait de la peine.

Nous avions un pauvre petit boîteux parmi nous. Il n'est pas de moqueries, de railleries dont il ne le poursuivît.

Si un mendiant passait près de lui, il lui jetait des pierres. Avec les animaux, il était aussi méchant qu'avec ses camarades ; il excitait les chiens, les tourmentait, les frappait. Un jour qu'il avait agacé un grand dogue qui passait devant la porte de ses parents, il fut renversé et affreusement mordu par lui.

Pendant deux mois, il garda le lit et resta défiguré.

Un chien qui passait.

Pensez-vous, mon enfant, qu'on le plaignit beaucoup? Au contraire, à l'école, on se trouvait bien débarrassé de lui, et, quand il revint, nul ne lui donna la plus petite marque de sympathie.

Choisissez donc entre ces deux types.

Voulez-vous ressembler au bon Émile ou bien au méchant Eusèbe? Voulez-vous être

Il resta défiguré.

aimé de vos camarades, ou détesté par eux?

Vous voyez, par l'exemple de ces deux enfants, par quels moyens on atteint l'un ou l'autre de ces deux buts.

QUESTIONNAIRE.

1º Quel est le moyen de se faire aimer de ses camarades? — 2º Pourquoi détestait-on Eusèbe? — 3º Quelles étaient les qualités qui faisaient aimer Émile?

LA PROBITÉ

L'année n'avait pas été bonne, le pain était cher, la pêche aux harengs, contrariée par le mauvais temps, n'avait presque rien produit; mon frère Alfred avait eu la petite vérole, ce qui avait entraîné mes parents à bien des dépenses : tout cela réuni

La pêche aux harengs.

avait apporté beaucoup de gêne dans la famille.

Bien qu'enfants, nous nous en apercevions. Il n'y avait plus ni pommes, ni beurre, ni fromage, pour ajouter au morceau de pain que nous emportions à l'école; mais nous voyions que nos parents se privaient aussi de bien des choses, et nous prenions bravement notre pain tout sec.

Il n'appartient pas à des enfants de se plaindre en semblable circonstance, car ils savent bien que leur mère leur donne tout ce qu'elle peut et qu'elle aime mieux se priver que de voir souffrir ses chers enfants.

Nous en étions donc là, lorsqu'un soir, en revenant de l'école, Alfred, qui marchait un peu en avant, s'arrête tout à coup, se baisse et ramasse un objet qu'il a vu briller sur le chemin.

— Qu'est-ce que tu as trouvé? lui dis-je.

— Une bourse, répondit-il.

Nous examinons sa trouvaille, et, en ouvrant la bourse, nous sommes comme éblouis par la vue d'un grand nombre de pièces d'or. Nous nous asseyons sur le bord de la route, nous comptons notre trésor. Il y avait deux cent quatre-vingts francs en beaux louis de vingt francs, et douze francs en pièces blanches.

Oh! quel bonheur! s'écria mon frère, comme maman sera contente de pouvoir acheter tant de choses dont nous avons tous besoin! Vite, courons lui porter notre trésor.

Je ne partageais pas complètement la joie d'Alfred. J'avais entendu dire à mon père que l'on n'avait pas le droit de s'approprier ce que l'on trouvait sur la voie publique.

En effet, lorsque mon frère arriva à la maison et qu'il remit à ma mère la bourse trouvée elle lui répondit qu'il fallait bien vite l'aller porter à M. le maire, qui en ferait rechercher le propriétaire.

Le pauvre Alfred était près de pleurer.

— Mais maman, c'est moi qui l'ai trouvée.

— Sans doute, mon enfant; mais cela ne fait pas qu'elle soit à toi. Si tu l'avais perdue, ne serais-tu pas bien aise qu'on te la rendît?

— Oui, sans doute, mais...

— Il n'y a ni *si* ni *mais*, dit ma mère en forme de conclusion. On n'a jamais le droit de s'approprier le bien d'autrui. Vite, mes enfants, partez chez M. le maire.

Elle ne compta pas le nombre de pièces de monnaie que contenait la bourse. Elle avait confiance en nous et savait bien que nous n'en prendrions aucune.

M. le maire nous reçut à merveille.

— Je sais, nous dit-il, à qui appartient cette bourse. C'est un cultivateur de Saint-Vast qui la perdue hier en revenant du marché. Il est venu me demander ce matin si elle n'avait pas été rapportée à la mairie. Quel est celui de vous deux qui l'a ramassée ?

— C'est Alfred, répondis-je.

— Voilà qui est très bien, mon enfant, dit-il en se tournant vers mon frère. Tu as déjà de la probité, tu seras plus tard un honnête homme, estimé de tous.

Il ouvrit la bourse, en compta le contenu et, prenant une pièce de vingt francs, il la donna à Alfred.

— Voici, lui dit-il, la récompense que le propriétaire de la bourse m'a chargé de remettre à celui qui la rapporterait.

Nous remerciâmes M. le maire et je vous assure que nous étions bien heureux tous les deux. Nous avions accompli notre devoir et nous portions notre récompense.

Ma mère prit la belle pièce d'or qu'Alfred lui donnait.

— Je suis contente de vous, mes enfants, dit-elle en nous embrassant.

Quand mon père entra, il écouta le récit que lui fit ma mère avec une grande attention.

— Ils n'ont fait que leur devoir, dit-il, et n'ajouta aucun éloge ; mais je compris sa satisfaction aux regards pleins d'affection qu'il jeta sur nous.

Au souper, notre mère fit des crêpes et tout le monde était joyeux.

QUESTIONNAIRE

1° A-t-on le droit de conserver un objet que l'on a trouvé sur la voie publique? — 2° Que doit-on faire dans ce cas? — 3° Quelle conséquence le maire a-t-il tirée de la belle conduite d'Alfred?

FRANCHISE ET VÉRITÉ

J'avais une véritable passion pour la mer, et aucun plaisir n'était comparable pour moi à celui que j'éprouvais lorsque je me sentais bercé par les flots.

Comme je l'ai dit plus haut, mon père nous faisait quelquefois faire des promenades en mer le dimanche, mais cela arrivait trop peu souvent à mon gré.

Mon père nous faisait faire des promenades.

Puis, j'avais une autre ambition qui ne vous étonnerait pas si vous étiez né sur les bords de la mer : je voulais monter seul, ou avec mon frère Alfred, une petite barque. Je me croyais de force à ramer, et rien ne me paraissait charmant comme de diriger moi-même une embarcation.

Michel avait justement une petite barque avec laquelle les baigneurs qui venaient à Ouis-

Ireham, l'été, faisaient des promenades en mer.

C'était un jeudi, jour de congé, vers une heure de l'après-midi. La mer était dans son plein, la petite embarcation se balançait molle-ment dans le port, la corde qui la retenait au quai était solidement at-tachée à l'un des anneaux scellés à cet effet dans la pierre.

J'étais absolument seul.

J'étais absolument seul. La chaleur était grande. Les baigneurs n'auraient eu garde de s'aventurer dehors par ce brûlant soleil. Il y avait des bâtiments nor-végiens dans le port, mais les matelots faisaient sans doute la sieste, car aucun mouvement ne se produisait parmi eux.

Je restai assez longtemps en contemplation

devant le *Cygne* (tel était le nom de la petite barque), car la tentation de la détacher et de partir avec elle venait de surgir dans mon esprit.

J'aurais dû m'éloigner bien vite. C'eût été le seul moyen de ne pas y succomber, mais je n'en fis rien ; au contraire, je m'approchai, je regardai la corde, j'examinai le nœud qui la retenait. Il me parut des plus simples et des plus faciles à dénouer. J'y portai la main : en une seconde, il fut défait ; une autre seconde après, la corde était jetée dans la barque et j'allais y sauter lorsque j'entendis un bruit de pas sur le sable à quelque distance. Vite, je me jetai de côté, derrière une pile de bois débarquée la veille, et je m'y dissimulai facilement.

Le promeneur (c'en était bien un) passa ; je contournai la pile et il ne m'aperçut pas, mais ce qu'il vit, ce fut la barque qui, libre de ses mouvements, s'en allait à la dérive, poussée par un petit vent qui venait de s'élever ; elle fuyait au large, car la marée tendait à descendre, et moi, prudemment, je me suis mis à fuir aussi.

— Personne ne m'a vu et j'en serai sans doute quitte pour la peur, me dis-je, et je repris le chemin de la maison.

— D'où viens-tu, Marcel? me demanda ma mère. Tu es rouge comme une pivoine.

— Je viens du port voir les bateaux norvégiens, lui répondis-je bien vite, et il fait si chaud!

— Tu aurais beaucoup mieux fait de jouer tranquillement avec ton frère dans le jardin.

J'allai rejoindre Alfred et je me crus sauvé. Cependant, je n'étais pas content de moi.

Une heure après, je retournai sur le port avec mon frère qui ne savait rien, bien entendu. Michel était sur le quai, entouré de matelots de baigneurs auxquels il racontait son malheur.

— Non, disait-il, la corde n'a pas cassé, car elle était neuve, et d'ailleurs, dans ce cas, il en resterait une partie après l'anneau de fer.

— Eh bien alors, mon pauvre Michel, dit une jolie baigneuse qui se trouvait dans le groupe, ce serait donc un voleur qui aurait fait le coup?

— Un voleur ou un farceur, madame ; mais, qu'il soit l'un ou l'autre, quand je tiendrai celui qui m'a joué ce vilain tour, il passera un mauvais quart d'heure. Voilà qui est sûr. Je lui ferai d'abord boire un rude bouillon, et puis, je le conduirai au commissaire et nous verrons bien

s'il rira ; mais il faut le trouver. Oui, il faut le
trouver, répétait-il en promenant autour de lui
un regard furieux.

Je n'étais pas à mon aise, je vous assure, et
je me demandais comment j'avais osé me rendre
si coupable. Il est vrai que je voulais seulement
faire un petit tour dans la barque de Michel,
puis la remettre au port. Rien qu'une heure de
promenade et j'aurais été content. Au lieu de
cela, voilà ce malencontreux bateau qui se perd.
J'en étais bien fâché pour Michel que nous aimions tous ; mais, qu'y faire ?

Tout à coup, Michel se frappe le front.

— C'est lui, oui, c'est lui ! s'écrie-t-il ; le
vaurien ! Comment n'y avais-je pas pensé plus
tôt ?

Je me sentais pâlir ; une sueur froide me cou-
vrait le front. Comment savait-il ? Qu'allait-il me
faire ?

Je me trompais. Ce n'était pas à moi qu'il
pensait.

Il prit sa course et se dirigea vers la maison
de Pierre Malouin.

Sur la porte se trouvait son fils Étienne, un
mousse qui, à la vérité, ne valait pas grand'-

chose. Sans lui parler, il le prit par le bras et l'amena de force sur le port.

Il le prit par le bras.

— Petit misérable, c'est toi qui as détaché le *Cygne?*

Et le mousse de crier...

— Non, ce n'est pas moi, je vous assure, lâchez-moi, lâchez-moi.

— Te lâcher ! Je m'en garderai bien.

Et Michel levait la main pour lui administrer tout d'abord une solide et énergique punition.

Mais il s'était fait une sorte de révolution en moi. J'avais tout à coup compris qu'il est quelque chose de bien autrement terrible que de recevoir une punition méritée : c'est de voir cette punition infligée à un autre quand on la mérite soi-même. Jusque-là, je m'étais tenu prudemment à l'écart. Je fendis la foule qui devenait plus compacte et je m'élançai vers Michel :

— Arrêtez, arrêtez ! m'écriai-je… Ce n'est pas lui qui a détaché le *Cygne*, c'est moi, je mérite d'être battu.

Étonné, Michel lâcha Étienne, qui se sauva à toutes jambes. J'expliquai comment les choses s'étaient passées.

La fureur de Michel était tombée. A mon grand étonnement, il ne me fit aucun reproche.

— Quelqu'un a-t-il une longue vue ? dit-il en se tournant vers les baigneurs.

Un monsieur lui passa ce qu'il désirait.

Ils ramèrent avec frénésie.

— Je vois un point noir là-bas, dit-il, ce doit être la barque. Allons ! partons… et, avec deux autres matelots, ils s'élancèrent dans une barque, et ramèrent avec frénésie. Deux heures plus tard, elle rentrait dans le port, remorquant le *Cygne*.

Cet événement avait fait du bruit dans le village, et mon père l'avait appris quelques instants après le retour de Michel.

Je craignais bien une rude réprimande, et, lorsque j'entendis mon père rentrer, je me gardai de me montrer.

— Marcel est-il là? demanda-t-il à ma sœur Maria.

— Oui, mon père, répondit-elle; et elle m'appela.

J'arrivai en tremblant.

— Je sais tout, me dit-il. Tu as fait une sottise, mon pauvre enfant; mais tu l'as avouée avec franchise. C'était la seule manière de la réparer.

QUESTIONNAIRE

1º L'enfant qui nie la faute qu'il a commise n'est-il pas doublement coupable? — 2º Qu'est-ce que la franchise? — 3º Que doit-on faire lorsqu'on a commis une faute?

RESPECT DÛ A LA VIEILLESSE

La mère Geneviève était bien vieille : quatre-vingt-douze ans !... C'est un grand âge, mon enfant, et peu de personnes l'atteignent ; mais il entraîne souvent après lui bien des infirmités et bien des misères.

Geneviève avait perdu son mari depuis de longues années ; elle avait vu mourir sa fille, son gendre

La mère Geneviève était bien vieille.

et ses deux petits-enfants. Elle restait seule au monde et habitait la chaumière où elle était née ; cela veut dire que cette pauvre maison n'était pas neuve, mais elle l'aimait parce qu'elle y retrouvait tous ses souvenirs.

Ayant juste de quoi vivre, elle ne pouvait penser à se faire servir... Cependant elle mar-

chait de plus en plus difficilement et l'aide de
son bâton ne lui suffisait pas toujours. Les
épreuves, la souffrance avaient un peu aigri son
caractère, et l'on ne pouvait pas dire de la
mère Geneviève qu'elle était une aimable petite
vieille, comme on en rencontre quelquefois.
La surdité rendait encore son commerce plus
difficile.

Ses voisins n'avaient ni le temps ni la volonté
de s'occuper d'elle, et elle eût été bien à plaindre,
si deux enfants, dont les parents habitaient la
même rue, Marie et Juliette Dumay, n'avaient
eu compassion d'elle.

Les deux bonnes petites filles avaient mille
attentions pour Geneviève. Elles allaient chaque
matin voir si elle n'avait besoin de rien, faisaient
ses commissions, la menaient à l'église le dimanche. Quand il faisait beau, elles la condui-
saient au soleil. Il était vraiment touchant de
voir ces deux enfants servir de bâton de vieillesse à la pauvre Geneviève. Leurs parents les
laissaient faire, et, quand on s'en étonnait :

— Ne serons-nous pas vieux aussi quelque
jour? disaient-ils. Elles font l'apprentissage des
soins qu'elles nous donneront alors.

Et quand leurs compagnes les engageaient
à venir se distraire un peu avec elles :

— Chacun prend son plaisir où il le trouve,
répondaient-elles. Il nous est doux de penser
que nous sommes utiles à cette pauvre Geneviève. La vieillesse est si respectable !

Oui, mon enfant, la vieillesse est respectable,
et vous ne devez jamais manquer aux égards
qui lui sont dus. Je ne connais pas de spectacle
plus triste, plus affligeant que celui que pré-
sente une réunion d'enfants poursuivant de leurs
railleries ou de leurs injures un pauvre vieil-
lard qui ne peut
se défendre.

Oh ! qu'ils
sont plus heu-
reux les enfants
charitables qui
aiment à secou-
rir les pauvres,
les aveugles, les
orphelins !

Les enfants charitables.

Pour compléter mon récit, je vous dirai que
Geneviève avait un petit bien, et qu'en mourant
elle le laissa aux deux sœurs, Marie et Juliette,

ce qui leur permit de venir en aide à leurs parents et de trouver chacune un bon établissement.

Si l'intérêt avait guidé leur conduite, elle eût manqué de noblesse ; mais elles ne se doutaient guère, ces chères enfants, en se montrant si charitables envers la vieille Geneviève, qu'elles en seraient récompensées sur la terre.

Ai-je besoin d'ajouter, mon enfant, que si vous avez encore le bonheur d'avoir vos grands-parents, de grands-oncles, de grandes-tantes, vous devez vous montrer tout particulièrement respectueux et complaisant envers eux, cherchant en toute occasion à leur faire plaisir et même à leur être utile? J'ai connu des enfants bien jeunes encore qui, par les soins et l'affection dont ils entouraient leurs grands-parents, faisaient véritablement leur bonheur.

QUESTIONNAIRE

1º Comment devez-vous vous conduire vis-à-vis des vieillards? — 2º Ne sont-ils pas bien coupables les enfants qui leur manquent de respect? — 3º A qui devez-vous surtout une grande déférence et une grande affection?

LE DÉVOUEMENT

Le meilleur ami de mon père était un simple ouvrier qui s'appelait Norbert ; son histoire est bien touchante.

Tout enfant, Norbert avait été pâtre dans les environs d'Ouistreham. Il allait garder les moutons. Sa bonne conduite lui attira l'attention de son maître, qui lui confia un emploi lucratif, et il était à la veille de s'établir lorsque sa sœur, peu fortunée, perdit son mari.

Il allait garder les moutons.

Elle avait sept enfants dont le dernier, âgé de trois ans, était presque toujours malade et exigeait des soins constants. Norbert renonce au mariage qu'il allait contracter, vient demeurer avec sa sœur Marguerite et l'aide à élever sa nombreuse famille.

Mais la pauvre femme ne peut surmonter le chagrin que lui a causé la mort de son mari, et, à son tour, elle tombe gravement malade. Se sentant près de mourir, elle confie ses enfants à son frère qui promet de les adopter, de les élever, de les instruire. Quelques jours plus tard, la pauvre Marguerite était morte, et Norbert, sans autre ressource que ses gages, se voyait chargé de sept enfants, dont l'aîné avait onze ans.

Il les appelait ses enfants.

Son courage, son dévouement ne se démentirent pas un instant. Il servit de père et de mère aux pauvres orphelins, les soignant, quand ils étaient malades, les faisant instruire, leur donnant un état.

Ses neveux et ses nièces étaient tous établis; il restait seul et pauvre, et jamais on n'entendait une plainte sortir de ses lèvres.

Un soir, à la veillée, pendant que nous raccommodions nos filets de pêche, on vint à parler de Norbert et je pensais en moi-même :

— Comment un homme si bon, si vertueux, est-il malheureux ? Dieu ne devrait-il pas le récompenser du bien qu'il a fait ?

Mon père vit que je réfléchissais.

— A quoi penses-tu donc, Marcel ? me demanda-t-il.

Je lui dis mon étonnement.

— Prends garde ! mon enfant, me répondit-il, il ne faut jamais scruter les desseins du bon Dieu ; ce qu'il fait est bien fait. La vie ici-bas n'est qu'un passage, un moment d'épreuve. Notre âme ne meurt pas. Dieu n'a pas promis à l'homme de le récompenser ici-bas du bien qu'il aura fait ; il a l'éternité. Souvent sur la terre le méchant réussit, devient riche, puissant, et l'homme de bien souffre et pâtit. Vous ne devez, mes enfants, ni vous en troubler, ni vous en étonner, mais demeurer toujours convaincus que les jugements de Dieu sont justes et équitables.

Bien souvent depuis, lorsque je me trouvai en présence des épreuves qui sont quelquefois imposées à l'homme juste, ces belles paroles de mon père me revinrent à l'esprit.

QUESTIONNAIRE

1º Est-il beau de se dévouer pour sa famille? — 2º Qu'est-ce qui vous frappe le plus dans l'histoire de Norbert? — 3º Dieu récompense-t-il toujours la vertu sur la terre?

BONTÉ ENVERS LES ANIMAUX

Ma sœur Maria, qui avait une voix douce et harmonieuse, chantait souvent, pendant que ses doigts agiles faisaient jouer ses fuseaux sur son métier à dentelle. Son répertoire était varié ; mais entre tous ses chants, il en était un que nous lui entendions sou-

Ce nid que vous guettez d'en bas.

vent répéter, surtout au printemps. Peut-être voulait-elle en graver les paroles dans notre mémoire. Elle y a réussi : car, maintenant encore, lorsque j'entends les petits des oiseaux gazouiller dans les charmilles, je me surprends à fredonner :

> Du nid charmant caché sous la feuillée,
> Cruels petits lutins à la mine éveillée,
> Du nid charmant caché sous la feuillée,
> Hélas ! pourquoi faire ainsi le tourment ?
>> Ce nid, ce doux mystère
>> Que vous guettez d'en bas,
>> C'est l'espoir du printemps,
>> C'est l'amour d'une mère :
>> Enfants, n'y touchez pas !
>
> Dieu seul a droit sur tout ce qui respire ;
> Ne pouvant rien créer, il ne faut rien détruire.
> Dieu seul a droit sur tout ce qui respire,
> Beaux maraudeurs, prenez garde ! il vous voit.
>> Ce nid, ce doux mystère
>> Que vous guettez d'en bas,
>> C'est l'espoir du printemps,
>> C'est l'amour d'une mère :
>> Enfants, n'y touchez pas !
>
> Laissons, laissons les bouquets à leur tige,
> A l'air qu'il réjouit l'insecte qui voltige ;
> Laissons, laissons les bouquets à leur tige,
> Aux bois leur ombre et les nids aux buissons.
>> Ce nid, ce doux mystère
>> Que vous guettez d'en bas ;
>> C'est l'espoir du printemps,
>> C'est l'amour d'une mère :
>> Enfants, n'y touchez pas [1] !

1. H. Guérin.

Un jour de congé, mon frère Alfred et moi, nous avions trouvé dans notre jardin un joli nid de merles, et déjà je m'élançais non seulement pour le voir de plus près, mais pour en faire la conquête, lorsque ma sœur, se levant brusquement, se précipita vers moi et me retint :

— Oh ! je t'en prie, me dit-elle, ne détruis jamais de nid d'oiseaux.

Et alors, d'une voix tout émue, elle nous dépeignit l'amour de la pauvre mère pour ses petits dont si souvent les enfants s'emparent sans pitié, et son chagrin lorsqu'elle retrouve le nid vide.

Du grain pour les oiseaux.

Et elle nous donna un peu de grain pour les petits oiseaux.

Quelques jours plus tard, mon père m'envoya porter un turbot, produit de sa pêche, chez Mlle Sophie Dumont, qui habitait un joli château à une lieue d'Ouistreham.

Mlle Sophie était la bonté même. Nous la rencontrions souvent, en allant à l'école, conduisant elle-même sa voiture dont la forme singulière m'avait frappé.

— Pourquoi, m'étais-je demandé, ce coffre derrière le cabriolet ?

Elle conduisait elle-même sa voiture.

Et j'avais appris qu'il renfermait des médicaments, des vêtements, du linge, de la viande, du vin, pour les pauvres qu'elle visitait.

Elle avait recueilli une jeune nièce orpheline, et on racontait qu'elle lui apprenait à faire, comme elle, la charité, et que le plus grand bonheur de la petite Jeanne était de travailler pour les pauvres et surtout pour les petits enfants.

La bonté de Mlle Sophie semblait s'étendre sur toute la nature. Elle aimait beaucoup les oiseaux qui, chose singulière, semblaient comprendre son affection.

Le jour où j'étais allé faire la commission de

Les oiseaux voletaient autour d'elle.

mon père au château de Saint-Pierre, Mlle Sophie me fit dire de venir lui parler dans le jardin. Je la trouvai avec sa nièce en compagnie de nombreux oiseaux qui voletaient autour d'elles et que mon approche n'effraya nullement.

Elle me fit asseoir avec bonté et me dit :

— Voyez, mon enfant, comme ils sont jolis.

Puis, elle m'expliqua toute l'utilité qu'ont pour l'agriculture ces petits oiseaux auxquels notre âge impitoyable est si disposé à déclarer la guerre.

— Ils se nourrissent d'insectes nuisibles, me dit-elle, et le nombre de ceux qu'ils font disparaître chaque année est très considérable ; ils sont donc bien coupables les petits maraudeurs qui leur font la guerre.

Recueillez pour vous, mon enfant, ces conseils de Mlle Sophie. Ne soyez cruel ni pour les insectes, ni pour les oiseaux, ni pour les autres animaux ; cela dénote un mauvais cœur. Réfléchissez un instant et voyez combien les animaux sont utiles à l'homme. Les vaches et les bœufs nous donnent leur lait et leur chair pour nourriture ; les poules, de bons œufs ; les moutons se laissent tondre pour nous vêtir ; les chevaux, les mulets et les ânes nous aident dans nos travaux. A moins d'être naturellement méchant, l'enfant aime celui qui est le gardien de nos demeures ; et il fait souvent du chien, cet animal si bon et si dévoué, le compagnon de ses jeux.

1º Que penser des enfants qui sont cruels envers les animaux? — 2º Pourquoi ne faut-il pas détruire les nids des petits oiseaux?

LA COLÈRE

Notre petite sœur Linette était tout à fait gentille avec ses grands yeux bleus, ses jolis petits cheveux blonds tout frisés, sa petite bouche souriante; mais elle avait un malheureux penchant à la colère. Souvent, lorsque le soir, à notre retour de l'école, nous jouions avec elle, tout à coup, si nous ne lui donnions pas assez vite l'objet qu'elle voulait tenir entre ses mains, ou si nous lui en retirions un autre avec lequel nous craignions de la voir se blesser,

Linette en colère.

elle entrait dans d'affreuses colères. Quel terrible changement se faisait alors! son visage était bouleversé, ses yeux hagards, ses membres contractés. Elle poussait des cris perçants, battait du pied, voulait tout briser.

Ma mère était fort effrayée de cet état d'exaltation qu'elle nous disait très dangereux pour la santé et même pour la vie de Linette ; aussi ne manquait-elle pas de la corriger ; cela nous paraissait bien sévère de la part de notre mère qui était très bonne. Quoi ! punir une si petite enfant qui n'avait pas conscience de ses actes !

— Voulez-vous donc, nous disait ma mère, que je laisse ce vilain défaut grandir avec elle ? Ce serait lui rendre un très mauvais service et bien mal l'aimer.

Notre mère avait raison. Peu à peu Linette cessa d'être colère et elle devint même une très douce et très aimable jeune fille, tandis que, si ce penchant n'avait pas été énergiquement combattu, elle serait peut-être devenue aussi mauvaise qu'une femme d'Ouistreham, qui est pour moi la personnification de la colère. Il est probable que la pauvre femme n'avait pas eu le bonheur d'avoir dans son enfance une bonne mère pour la corriger de ses défauts, et ce fut un grand malheur pour elle et pour toute sa famille.

La douceur semble être le plus bel apanage de la femme ; c'est par cette vertu qu'elle plaît, qu'elle se fait aimer. Elle lui est tellement nécessaire que la colère fait d'elle un monstre, une furie. Souvent, en passant devant la maison de Joséphine pour aller à l'école, nous étions témoins de ses accès qui étaient très fréquents, et elle me faisait véritablement peur. Ses cheveux étaient tout hérissés, ses dents grinçaient, elle ne se connaissait plus. Elle invectivait tantôt son mari, tantôt

Elle battait ses enfants.

d'autres femmes qui avaient osé la contredire ; tantôt elle s'en prenait même à ses enfants. Elle les battait, les maltraitait pour le plus léger manquement ; on aurait cru voir une bête féroce. Les pauvres petits se sauvaient devant les colères de leur mère et ils arrivaient souvent à l'école tout en pleurs, portant sur leurs membres les marques de la fureur de cette mère dénaturée.

Voyez donc, mon enfant, combien la colère, ce mouvement déréglé qui nous fait repousser avec violence ce qui nous déplaît, est chose terrible, et avec quel soin vous devez chercher à triompher de ce penchant, s'il existe en vous! Pendant qu'il est temps encore de vous corriger, appliquez-vous à être doux et toujours de bonne humeur, sachez céder à vos camarades, retenir une parole vive et piquante. C'est ainsi que vous deviendrez un enfant véritablement aimable.

QUESTIONNAIRE

1º Qu'est-ce que la colère? — 2º Quels sont les tristes résultats de la colère ? — 3º Comment peut-on s'en corriger?

LA GOURMANDISE

Eugène Debrie avait à l'école la réputation d'être gourmand, et ce honteux défaut lui avait attiré le mépris général.

Il y a différents degrés dans la gourmandise, mais lui était gourmand au premier chef; il ne vivait que pour manger. Il mettait tout son bonheur dans la satisfaction de son malheureux penchant. Il aimait à parler de ce qu'il mangeait, et quand il n'avait pas trouvé en rentrant chez ses parents le dîner assez bon, il s'en montrait tout à fait de mauvaise humeur et ne manquait pas de nous raconter comment il était presque mort de faim. Nous nous moquions de lui ; mais cela ne l'empêchait pas, dans d'autres circonstances analogues, de nous faire encore le récit de ses infortunes.

Un jour, je ne sais comment la chose arriva, le petit panier dans lequel il apportait son

Les noix qu'elle lui donnait.

goûter ne contenait que du pain sec. Peut-être sa mère avait-elle oublié d'y ajouter les poires ou les noix qu'elle lui donnait chaque jour.

Quoi qu'il en soit, Eugène se désespéra à en pleurer. Il était gros et lourd, souvent malade et très peu intelligent. Il est évident que l'abus de nourriture était la cause de toutes ces misères.

Plus tard, les résultats en furent pour lui plus terribles encore. Ses parents étaient peu fortunés, et comme ils ne pouvaient satisfaire ses appétits gloutons, il se mit à voler. Il commença par prendre dans nos paniers un fruit, un gâteau, puis déroba des friandises aux étalages des marchands. Un jour, qu'il avait pris

Un jour, qu'il avait pris de la mélasse.

de la mélasse, l'épicier lui mit la tête dans le tonneau ; enfin, il arriva à escalader des haies, et à marauder chez les voisins. Un soir, qu'il sautait par-dessus le mur d'une ferme des environs de Ouistreham, où il avait volé une poule qu'il tenait encore entre les mains, il fut pris par les gendarmes qui l'arrêtèrent. On l'envoya

Un soir, qu'il sautait par-dessus le mur.

dans une maison de correction, où il resta cinq ou six ans.

Cette sévère punition ne le guérit pas, et, dernièrement, j'ai entendu dire que, loin d'être corrigé, il était devenu l'un de ces misérables qui sont le rebut de la société.

Il faut donc, mon enfant, prendre bien garde
de ne pas vous laisser aller à être même un peu
gourmand : car bientôt vous le deviendriez tout
à fait, et je ne vois guère de défaut plus honteux
que celui-là.

Un gourmand.

Montrez-vous toujours très sobre, vous con-
tentant, sans vous plaindre, de ce que vos
parents vous donnent. C'est ainsi que vous
conserverez votre santé, et, ce qui est mieux
encore, l'estime de tous.

QUESTIONNAIRE

1º Qu'est-ce que la gourmandise ? — 2º A quels excès peut-elle
conduire ? — 3º Que devez-vous faire pour l'éviter ?

LE CHEMIN DE LA RUINE

Ludovic et Marcellin Cayrol étaient deux frères dont la destinée devait être bien différente.

Ludovic avait un an de plus que Marcellin.

Il a une maison qui lui appartient.

Entrés le même jour à l'école d'Ouistreham, ils avaient reçu les mêmes leçons et l'on pouvait espérer, quand ils en quittèrent les bancs, que tous deux seraient d'honnêtes garçons et plus tard de bons pères de famille.

Cependant, aujourd'hui, Ludovic est devenu un cultivateur aisé ; il a une jolie maison qui lui appartient ; il est heureux au milieu de sa petite famille ; ses enfants, bien élevés, répandent la joie et la gaieté autour d'eux ; il jouit de l'estime de ses concitoyens. Sa vie est douce et son sort évidemment digne d'envie.

Quant à Marcellin, il a rencontré, lorsqu'il avait quinze ans, à une fête des environs d'Ouistreham, un jeune homme de son âge, dont la conduite déplorable faisait le malheur de ses parents. Il s'est lié avec lui, et, se laissant entraîner par ses mauvais exemples et ses pernicieux conseils, il devint bientôt un mauvais sujet comme lui. Il a déshonoré ses parents et les a fait mourir de chagrin. Com-

Il est ivrogne.

plètement ruiné, il est revenu à Ouistreham, après huit ans d'absence, et a épousé une pauvre fille qui n'a pas réussi à le ramener dans la voie du devoir. Il est paresseux, ivrogne, il bat sa femme, ses enfants auxquels il n'a souvent pas

Il bat sa femme.

de pain à donner. On le trouve quelquefois étendu ivre-mort à quelque coin de rue.

Le contraste entre les deux frères est frappant. Il est une leçon vraiment éloquente.

Vous devez, mon enfant, pouvoir constater autour de vous les funestes effets de la paresse et de l'ivrognerie. Voyez donc quel mépris on a pour ces malheureux qui oublient les règles les plus élémentaires de la tempérance et tombent ainsi dans un état de dégradation bien honteux.

QUESTIONNAIRE

1º Faut-il se méfier des mauvais conseils? — 2º Où mènent l'ivrognerie et la paresse? — 3º Comment Ludovic a-t-il été récompensé de sa bonne conduite?

COMMENT ON DEVIENT VOLEUR

C'était par une belle nuit du mois de juin. Mon frère et moi nous dormions à poings fermés. Tout à coup, je me réveille en sursaut. J'avais entendu le bruit d'une fenêtre qui s'ouvrait dans le chalet qui avoisine notre maison, et dont le propriétaire, un banquier de Paris, n'était pas à Ouistreham. En partant chaque année, il donnait la clef à mon père, et souvent nous allions avec ma mère ouvrir les fenêtres pour aérer les appartements; ce qui fait que mes parents avaient toujours un peu l'œil ouvert sur cette jolie maison.

Je me jette à bas du lit, je cours à la fenêtre et je vois un homme qui s'enfuit; il est chargé

4.

et paraît embarrassé d'un lourd fardeau qu'il tient entre les bras. Une pierre sur le chemin le fait trébucher et il laisse tomber un des objets qu'il porte. En se baissant pour le ramasser, il tourne la tête et je reconnais Cormier, l'un des plus mauvais sujets d'Ouistreham.

Tout cela n'avait duré qu'une minute. Dans mon trouble, je n'avais pas appelé et le voleur fuyait toujours.

Un peu remis de mon saisissement, j'ouvre la porte de l'escalier et j'appelle ma mère. Toute la maison est en un moment debout. On ne voyait déjà plus personne sur la route. Si mon père et Joseph avaient été là, peut-être auraient-ils rattrapé le voleur ; mais avec deux femmes et deux enfants comme nous, il n'y fallait pas songer.

Le plus pressé était de prévenir la gendarmerie. Ma mère nous y envoya, Joseph et moi, par une rue détournée, pendant qu'elle allait en toute hâte au chalet pour juger des dégâts commis.

Le lendemain nous apprîmes que Cormier était arrêté, et je fus mandé devant le maire pour faire ma première déposition.

Il n'y avait, du reste, aucun doute possible, car on avait trouvé le voleur encore en possession des objets soustraits.

Nous allâmes prévenir la gendarmerie.

Quand on le jugea, mon père me conduisit à Caen où j'étais appelé comme témoin. Il m'expliqua la gravité de l'acte que j'allais faire en déposant devant le tribunal. J'étais tout ému en racontant ce que j'avais vu ; Cormier ne pouvait pas nier. Il fut condamné à six ans de prison.

Il avait encore ses parents. C'étaient de braves gens très estimés dans notre village ; mais ils avaient eu un grand tort : celui de gâter leur fils unique Édouard.

Tout enfant, il était déjà querelleur et paresseux. Il s'emparait de tout ce qui lui plaisait dans la maison ; il dérobait de l'argent à ses parents qui n'avaient pas même le courage de le corriger. Bientôt il vola ses camarades : il leur prenait une balle, des billes, des images, des livres... et ainsi il arriva à devenir un misérable voleur.

Il faut donc, dès la jeunesse, se montrer très délicat, ne jamais rien prendre de ce qui ne vous appartient pas, quand même il s'agirait d'un objet de peu d'importance.

QUESTIONNAIRE

1º Est-il permis de s'approprier des objets de peu de valeur? — 2º Que penser des enfants qui maraudent? — 3º Comment avait commencé le voleur Cormier?

SUPERSTITION ET IGNORANCE

Si vous aviez connu le pauvre Nicolas, vous en auriez eu bien pitié. A trente ans, il n'était pas plus grand qu'un enfant de dix ans. Boiteux, contrefait, il ne marchait qu'avec des béquilles.

Un jour, en le voyant passer clopin clopant devant la maison, ma mère me demanda si je connaissais son histoire.

Le pauvre Nicolas.

— Non, lui répondis-je. Est-ce qu'il a une histoire? Je vous en prie, racontez-la-moi.

— Elle est bien triste, me dit ma mère.

Nicolas, à dix ans, était un garçon fort et vigoureux pour son âge, et rien ne faisait prévoir le terrible état dans lequel tu le vois. Un soir de décembre, il revenait tranquillement de l'école, lorsque, à la hauteur de la maison de l'oncle Pascal, au coin de la rue des Pêcheurs, il aperçoit trois grands fantômes blancs qui s'avançaient vers lui avec un bruit de chaînes traînantes. Le pauvre enfant fut pris d'une terreur épouvantable et se mit à fuir tout droit devant lui. Il remonta la rue des Pêcheurs, arriva sur la plage, toujours poursuivi par ces fantômes. Là se trouvait une échelle que des maçons avaient laissée sur un mur en construction. Dans sa frayeur il la monte pour se sauver et fait une chute terrible. On le releva sans connaissance. Il avait la hanche brisée et la frayeur

Il fit une chute terrible.

lui donna une affreuse maladie dont il faillit mourir. A force de soins, ses parents le sauvèrent, mais il resta infirme et à moitié privé de raison.

Quant aux mauvais plaisants qui s'étaient si sottement revêtus de longs draps blancs et qui traînaient des chaînes après eux, ils eurent grand chagrin des résultats de leur imprudence, et le triste état du pauvre Nicolas est un remords qui les poursuivra toute leur vie.

— Nicolas croyait donc aux revenants? dis-je à ma mère.

— Il avait une vieille tante qui était fort crédule et très superstitieuse. Jamais elle n'avait voulu rien entreprendre un vendredi, parce qu'elle prétendait que cela portait malheur. Elle refusa un jour de se mettre treize à table, dans la crainte de mourir dans l'année. Quand elle répandait un peu de sel sur la table, elle s'empressait d'en prendre une pincée et de la jeter par-dessus son épaule pour empêcher qu'il ne lui arrivât malheur.

Elle avait souvent parlé à son neveu de ces véritables inepties. Il était devenu très craintif et avait

Il avait quelquefois peur de son ombre.

quelquefois peur de son ombre; la frayeur du pauvre enfant en voyant les fantômes se comprend facilement.

— Elle était donc un peu folle, pour avoir des idées aussi déraisonnables ?

— Non, pas positivement, me répondit ma mère, mais l'ignorance dans laquelle elle avait été élevée explique cette déplorable crédulité.

QUESTIONNAIRE

1º Racontez l'histoire du pauvre Nicolas. — 2º D'où viennent les superstitions qu'ont encore quelques personnes ?

LE VRAI BONHEUR

Nous désirons être heureux, et notre vie se passe en efforts de toute sorte pour arriver au bonheur.

Savez-vous, mon enfant, où il réside d'une façon certaine, et voulez-vous que je vous donne un secret pour être heureux, quelle que soit la position dans laquelle vous vous trouverez ?

Écoutez bien cette histoire très véridique :

Fernand et Francis étaient deux enfants du même âge, mais placés dans une situation bien différente.

Fernand était le fils unique d'un riche cultivateur. Ses parents lui accordaient tout ce qu'il voulait. A peine avait-il exprimé un désir, qu'il était satisfait; sa mère ne pouvait souffrir qu'on le contrariât en rien, de sorte qu'il était très mal élevé.

Malgré tous les soins dont on l'entourait, il était le plus souvent de mauvaise humeur. Quand il se trouvait avec quelques camarades, il se montrait maussade et désagréable. En classe sa paresse lui méritait de fréquentes puni-

Sa vue faisait pitié.

tions. Il était devenu rageur et méchant et sa vue faisait pitié.

Francis était le fils d'un ouvrier menuisier qui gagnait le pain de ses enfants à la sueur de son front. Le nécessaire ne manquait pas dans le ménage, mais Francis n'avait point, comme Fernand, des jouets à sa disposition, des friandises à son goûter, des vêtements élégants, et cependant il était heureux; la joie, la gaieté, le bonheur rayonnaient sur sa physionomie. Il avait compris ce que c'est que le devoir et en faisait la règle de sa conduite.

L'un des meilleurs élèves de notre classe, il travaillait avec un courage et une attention soutenus ; aux heures de récréation, il jouait avec entrain et bonne humeur ; chez ses parents, il était toujours prêt à rendre mille petits services à son père et à sa mère.

Un des meilleurs élèves.

— Comme tu as l'air heureux ! lui dis-je un soir où l'expression de son bonheur me frappait.

— Comment en serait-il autrement, me répondit-il, puisque j'ai fait mon devoir tout le long du jour ?

Voyez, mon enfant, combien cette réponse si simple était juste.

Francis faisait non pas seulement ses devoirs de classe, mais son *devoir* d'une façon générale, son devoir envers Dieu, envers ses parents, envers son maître, ses frères et sœurs, ses camarades. Tout est là. Si vous voulez être vraiment heureux, jouir de cette paix, de ce calme que donne une bonne conscience et que rien ne peut remplacer, il faut faire votre *devoir* dans toutes les circonstances où vous vous trouverez et à tous les instants de votre vie.

QUESTIONNAIRE

1° Où se trouve le vrai bonheur? — 2° Qu'est-ce que le devoir? — 3° Qu'aimeriez-vous mieux être de Fernand ou de Francis? — 4° Dites la raison de votre préférence.

LE PATRIOTISME

Paul Boidart était le fils d'une pauvre veuve d'Ouistreham. Il avait huit ans lorsque son père mourut dans un naufrage en laissant sans ressources sa femme et ses deux enfants : Paul et une petite fille de quelques mois à peine.

Paul se fit menuisier.

La veuve Boidart faisait de la dentelle comme ma sœur Maria, et Paul, que j'avais eu comme condisciple à l'école, se fit menuisier.

Au moment de la guerre de 1870, il avait vingt-deux ans ; mais comme fils de femme veuve, il était dispensé de partir.

Un soir il rentra chez sa mère, triste et préoccupé.

— Qu'as-tu donc ? lui dit-elle.

— Je pense à tous mes camarades qui sont là-bas sous les drapeaux et qui combattent pour la patrie.

— Pauvres parents ! dit Catherine.

— Je pense, continua Paul sans avoir entendu les paroles de sa mère, qu'il est beau de défendre son pays et qu'il en coûte de rester inactif quand on le sent menacé.

— Que veux-tu dire, mon enfant ? Est-ce que tu voudrais partir aussi ?

— Oui, je le voudrais, s'écria-t-il avec feu, en se jetant au cou de sa mère.

Atterrée, la pauvre femme restait sans voix en face d'une pareille révélation.

Souvent elle s'était dit, en voyant les larmes de ses voisines dont les fils partaient pour la guerre : « Moi, je suis plus heureuse, je garde mon enfant. »

— Sois tranquille, mère, lui dit Paul en voyant son émotion, je ne partirai que si tu me le permets.

Pendant huit jours aucune allusion ne fut faite entre la mère et le fils à un sujet si brûlant ; mais Paul continuait à être triste et les nouvelles que l'on recevait du théâtre de la guerre étaient bien mauvaises.

Un soir, après souper, Paul était assis près de sa sœur qui travaillait.

Catherine, qui allait et venait, s'arrêta tout à coup devant son fils.

— Paul, mon enfant, lui dit-elle, j'ai beaucoup réfléchi depuis huit jours. Je pense

Paul partit.

comme toi que c'est un devoir de défendre sa patrie ; pars donc, car je ne veux pas t'empêcher de l'accomplir.

Paul partit, et pendant les premiers mois la mère reçut souvent de ses nouvelles. Il était dans l'armée de l'Est. Bientôt les communications avec la Normandie devinrent très rares ; puis elles manquèrent tout à fait. Catherine se désolait. On cherchait à la consoler en lui disant que les lettres pouvaient être perdues, que son fils était peut-être prisonnier ; mais la pauvre mère ne croyait pas à ces espérances.

Il fut porté à l'ordre du jour pour une action d'éclat.

Lorsque la guerre fut terminée, deux jeunes soldats qui avaient échappé aux balles meurtrières de l'ennemi revinrent à Ouistreham ; ils racontèrent alors comment Paul, après plusieurs actes de bravoure qui l'avaient fait porter à l'ordre du jour, avait été tué à la bataille de Gravelotte.

— C'est moi-même qui l'ai enterré, lui dit l'un d'eux.

Lorsque Catherine eut ainsi la certitude de son malheur, son unique désir fut d'aller chercher le corps de son fils bien-aimé, afin qu'il reposât dans le cimetière d'Ouistreham, auprès de son mari. Mais l'entreprise était difficile pour une pauvre femme qui n'avait d'autre ressource que son travail et celui de sa fille.

Pendant plusieurs années, toutes les deux vécurent de sacrifices et de privations.

Enfin, lorsque la somme nécessaire au voyage fut amassée, Catherine partit, emmenant avec elle le jeune soldat, camarade de Paul qui lui promettait de retrouver l'endroit où il avait enterré son ami.

Quel voyage et quel retour !...

J'étais à Ouistreham, où je venais voir ma mère, lorsque Catherine arriva. Elle avait atteint le but désiré et rapportait la dépouille mortelle de son fils.

Malgré la tristesse de tous, il y eut quelque chose de triomphal dans le solennel hommage que la population d'Ouistreham voulut rendre à la bravoure de ce courageux enfant.

Les larmes de la pauvre mère coulaient encore, mais il y avait tant de noblesse et de grandeur dans la conduite de cette humble femme qui avait sacrifié son enfant à la patrie, que je compris mieux que jamais en ce moment combien il est beau et enviable de mourir pour son pays.

La patrie est une grande famille dont nous sommes tous les fils. Plus tard, mon enfant, quand vous apprendrez l'histoire de France, vous y verrez d'admirables exemples de patriotisme donnés non seulement par des hommes, mais encore par des femmes, de jeunes enfants.

Mais, me direz-vous peut-être, comment, moi qui ne suis encore qu'un petit enfant, puis-je travailler pour la patrie?

En l'aimant, vous répondrai-je, et en vous efforçant par un travail constant, par la pratique des vertus de votre âge, de devenir un jour digne d'elle, nourrissant dans votre cœur la noble ambition de la servir un jour avec honneur et, si vous le pouvez, avec éclat.

QUESTIONNAIRE

1º Qu'est-ce que la patrie? — 2º Comment l'enfant peut-il travailler pour elle? — 3º Quelle est l'ambition que doit nourrir tout jeune Français?

UN GRAND MALHEUR

Nous étions à la fin d'octobre. La pêche aux harengs avait été exceptionnellement bonne, et mon père était déjà revenu avec une pleine cargaison à Ouistreham. Il s'était embarqué de nouveau, laissant avec nous mon frère Joseph qu'il ne pensait qu'un peu souffrant, mais qui était atteint d'une fluxion de poitrine qui mit ses jours en danger.

Nous attendions le retour définitif avec une grande impatience, et ma mère se réjouissait avec nous à la pensée que nous allions vivre un peu plus en famille pendant les quelques mois d'hiver; car à cette époque de l'année il arrive souvent que les mauvais temps empêchent les marins d'embarquer; alors ils en profitent pour raccommoder leurs filets et leurs divers engins de pêche. C'est en se livrant à cette occupation que mon père et Joseph nous racontaient des histoires de voyages.

Ce jour-là, le temps était sombre et le vent s'éleva dans l'après-midi. Il soufflait avec force et l'on commençait à dire : Nous aurons une terrible tempête cette nuit,

En rentrant de l'école, je trouvai ma mère et ma sœur très inquiètes. Nous attendions notre père ce jour-là, car les matèlots d'un

Le ciel était noir.

bateau qui était revenu le matin avaient dit que la *Belle-Jeannette* les suivait de près; et elle n'arrivait pas.

Mon frère Joseph, qui allait mieux, quoique bien faible encore, cherchait à rassurer ma mère.

— Nous avons eu bien d'autres tempêtes, disait-il, et nous en sommes sortis.

En attendant, le vent était devenu très violent. Ma mère sortit sur la plage malgré le gros temps.

Tout à coup elle nous appela dehors :

— Voyez, mes enfants, là-bas cette voile, c'est la *Belle-Jeannette*. Quels bonds elle fait !...

La *Belle-Jeannette* lutte contre les éléments déchaînés.

Nos yeux étaient rivés sur ce petit point blanc que nous voyions à l'horizon et qui approchait avec rapidité vers Ouistreham par de grands coups de vent.

Tout à coup Joseph s'élance vers le port, nous le suivons tous.

— Où vas-tu, mon enfant? lui crie ma mère... Prends garde! tu sais combien tu es encore faible.

Il n'entend pas les recommandations de ma mère. Il a aperçu les signaux de détresse sur le port. D'autres marins les ont vus comme lui.

— A la mer! à la mer! crient plusieurs matelots en se jetant dans leur barque.

Joseph s'y précipite et pendant une heure nous assistons à une lutte terrible contre les éléments déchaînés. Hélas! les courageux marins ne purent arriver à temps. La *Belle-Jeannette* sombra en vue du port et le mousse seul fut sauvé.

Le lendemain, la mer rejeta sur le sable le corps de mon père bien-aimé.

Quel affreux malheur pour nous tous! Ma pauvre mère était brisée par un coup si épouvantable. Lorsque les marins eurent déposé le corps de mon père sur son lit, elle tomba à genoux et éclata en sanglots ; les paroles entrecoupées qu'elle prononçait déchiraient le cœur.

Tous les cinq, nous entourions cette couche funèbre.

Il me semblait revoir mon père plein de vie
et de santé. Je me rappelais avec les moindres
détails les dernières journées qu'il avait passées

Lorsque les pêcheurs eurent déposé le corps.

au milieu de nous, et maintenant il nous avait
quittés pour toujours !...

Je n'avais jamais eu de grand chagrin, et ce

terrible coup m'enlevait un père que j'aimais tendrement et que je vénérais ; aussi mon cœur d'enfant fut brisé.

Mais ce père avait été si juste, si bon pendant sa vie, il avait tant aimé à faire le bien, que j'avais la conviction qu'il recevait maintenant la récompense de ses vertus. Ne nous l'avait-il pas dit quelques jours avant son départ en nous parlant du bon Norbert :

— Dieu est juste et il récompense toujours le bien.

Seule cette pensée que mon père était heureux me consolait et rendait moins amer mon profond chagrin.

QUESTIONNAIRE.

1º Quel est le plus grand malheur qui puisse frapper un enfant ? — 2º Quelle espérance peut alors le consoler ?

LE FRÈRE AINÉ

Le lendemain de ce terrible naufrage, toute la population d'Ouistreham avait suivi le convoi de mon pauvre père. L'église était trop petite pour contenir cette foule sympathique parmi laquelle il comptait tant d'amis.

Lorsque, après la cérémonie funèbre, nous nous retrouvâmes tous les cinq avec notre mère chérie, oh ! que notre petite maison nous parut donc vide ! Que de sanglots ! que de larmes !… Nous étions assis à ce foyer où nous ne devions plus le revoir. Aucun de nous n'élevait la voix. Linette elle-même, que ma mère tenait entre ses bras, pleurait silencieusement.

Tout à coup Joseph se leva, il vint s'agenouiller devant ma mère :

— Notre malheur est bien grand, lui dit-il, et nul ne saurait nous rendre celui que nous avons perdu ; mais je vous promets, ma mère, de tout faire pour remplacer mon père et pour vous aider à élever notre petite famille. Maria et moi, nous nous efforcerons d'être votre consolation.

Pauvre mère! elle embrassa tendrement ses deux aînés.

— Et vous, mes chers petits enfants, nous dit-elle, promettez à votre frère de lui obéir, comme vous obéissiez à votre père. Il est maintenant le chef de la famille.

Nous nous jetâmes dans les bras de Joseph et notre promesse fut bien sincère.

Notre bateau, la *Belle-Jeannette*, était perdu corps et biens. Joseph eut donc fort à faire pour nous nourrir tous. Pendant une année, il fut simple matelot sur la barque de mon oncle Jean.

Qu'elles étaient tristes les heures que nous passions dans notre petite maison, quand la tempête faisait rage au dehors! Comme la mer nous paraissait alors redoutable!

— Mon Dieu, protégez mon Joseph! s'écriait souvent notre pauvre mère.

Après le malheur qui nous était arrivé, ses craintes maternelles étaient bien naturelles.

La Providence bénit les efforts et la bonne conduite de Joseph. Aidé par mon oncle Jean, qui n'avait pas d'enfant et qui était un peu plus fortuné que nous, notre frère eut bientôt son bateau à lui ; et dès lors, les profits étant plus grands, un peu d'aisance revint dans notre intérieur.

Je n'étais pas fort de santé ; j'aimais maintenant l'étude plus que la mer, et mon père, peu

Il eut son bateau à lui.

de temps avant sa mort, avait dit à mon frère Joseph : Nous ferons quelques sacrifices pour Marcel et nous l'enverrons au collège.

Ce frère si bon voulut exécuter les désirs de mon père, et deux ans après, toujours avec l'aide de mon oncle Jean, je fus placé au petit lycée de Caen. Plus tard peut-être je vous raconterai ma vie d'écolier.

Joseph tint le serment qu'il avait fait à notre père. Il le remplaça véritablement près de nous

Je fus placé au lycée de Caen.

tous; aussi notre reconnaissance pour notre frère bien-aimé durera autant que notre vie.

Il est des frères aînés parmi ceux qui lisent ces pages : qu'ils recueillent la leçon donnée par mon frère Joseph. Si, heureusement, il en est peu qui soient appelés par la mort d'un père à remplir la grande mission de chef de famille, tous du moins doivent à leurs frères cadets les leçons de l'exemple, tous doivent être les protecteurs des plus jeunes, et ceux-ci à leur tour doivent se montrer pleins d'affection et de déférence pour leurs aînés.

QUESTIONNAIRE

1º Quels sont les devoirs des frères aînés ? — 2º Quelle promesse fit Joseph à sa mère après la mort de son père? — 3º Quels sont les sentiments que doivent éprouver les frères cadets pour leurs aînés ?

FIN

TABLE DES MATIÈRES

PARIS. — IMP. DE LA SOC. ANON. DE PUBL. PÉRIOD. — P. MOUILLOT. — 41532.

www.ingramcontent.com/pod-product-compliance
Lightning Source LLC
LaVergne TN
LVHW012207170726
843503LV00005B/1926